AF390039

Femmes Fontaines

Poésie

Marie-Pierre LOISEAU
Mapie

Femmes Fontaines

Poésie

Éditions Milot

© Éditions Milot 2023 - Marie-Pierre LOISEAU Mapie

ISBN : 9782493420947

Le code de la propriété intellectuelle n'autorisant aux termes des paragraphes 2 et 3 de l'article L.122-5, d'une part, que les copies ou reproductions strictement réservées à l'usage privé du copiste et non destinées à une utilisation collective et, d'autre part, sous réserve du nom de l'auteur et de la source, que les analyses et les courtes citations justifiées par le caractère critique, polémique, pédagogique, scientifique ou d'information, toute représentation ou reproduction intégrale ou partielle, faite sans le consentement de l'auteur ou de ses ayants droit ou ayants cause, est illicite (article L.122-4). Cette représentation ou reproduction, par quelque procédé que ce soit, constituerait donc une contrefaçon sanctionnée par les articles L.335-2 et suivants du Code de la propriété intellectuelle.

Traces

Je suis d'un peuple qui marque à l'encre de son sang

Sur les peaux vierges de ses descendants

Les plaies ouvertes de son histoire

Nous, poètes, posons nos mots pansements

Imbibés du sang de nos parents

Sur les cicatrices portées par nos enfants

Je suis d'un peuple de dire

Qui sait maintenant écrire ses maux, ses héros

Laisser la trace

Des mots dits par nos parents

Pour décrire le sang versé sur les traces maudites

Nous écrivons pour qu'hier ne revienne pas demain

Pour que nos filles et fils prennent leurs vies en main

Nous écrivons parce qu'hier encore

Parler du passé était passible de peine de mort

Nous ne nous soumettrons pas à l'injonction de l'oubli

Nous parlerons tant que nos mots dérangeront

Nous écrirons encore le sort réservé à nos corps

Nous, peuple de sang versé

Corps noyés

Pensée incarcérée

Science volée

Spiritualité violée

Ça fait longtemps disent-ils

Maintenant il faut avancer

Il ne faut pas parler

Pas ressasser

Faut pas rester enfermés dans le passé

Faut pas, faux pas

Et pas à pas

Et patatra

Et patat sa[1] !

Je suis d'un peuple qui revient d'un non-sens

Un peuple en transe

Quand le tambour lui rappelle l'appel de la liberté

---

1 Merde

Un peuple, polyglotte

Car colonisé en plusieurs langues

Je suis

I am

Estoy

Mwen sé

Nou fè lang nou épi ta yo

Et notre langue perdurera

Je suis d'un peuple de dire

Qui sait maintenant écrire

Imposer ses mots

Qu'ils les brûlent

Nos émotions survivront

Car telles des graines

Nos mots déjà semés au creux des cœurs fertiles

Germeront en forêt de rébellion

Pour leur dire

To tell them

Para decirles

Pou di yo

Que tout peut être effacé… Sauf NOUS !

Tonbé-Lévé

Avec un petit sourire moqueur

Avec un regard rieur

Certains nous disent peuple danseur

E ben wi

Wi nou ka dansé…

Ek yo mélé…

Mwen di zot yo mélé

Yo mélé pas yo ja las chèché

An ki sans pou tounen adan la wond bèlè

Yo mélé pas lè yo fini pa kompwann

Ki jan pou fè kabèl, ouvè-fenmen, bidjiné, grajé

Sé a moman ta la nou ka ladjé an bèl tonbé-lévé

Pou fè yo sonjé sé pas nou té tonbé bien fon

Pas nou té bien mal tonbé an fon kal la

Nou lévé pou dansé

Dansé nou ki ta nou

Anlè son tanbou nou

Tanbou nou ki libéré nou

Yo mélé

Yo mélé mwen di zot

Yo mélé pas lè nou di yo « tonbé-lévé » a rivé

Yo konpwann nou la ka dansé toujou

Mé nou menm ja chapé adan bonb la

Kar la

Tonbé-lévé a pasé èk yo rété a tè

I fout…

Yo konpwan sé an fransé sèlman an mo pé ni pliziè sans

Ben yo bien mal tonbé…

Atjolman sa mwen pé di yo sé lévé

Lévé épi éséyé dansé kon nou ka fèy la

Pas nou…

Nou pa ka dansé anlè do maléré pou nou vansé

Fè wol ba yo an pal pou volé yo… dominé yo

Kon ou rété a tè lè tonbé-lévé a pasé

Gadé wè si ou ka wè mas pasé

Non pa gadéy pasé mas la

Antré an vidé-a

Menm si ou pa sa dansé

Antré an vidé a

I kéy mennenw an koté

Wi antré

Pétèt ou kéy rivé la ou té bizwen alé

Ils nous disent peuple danseur

Mé sa yo sav

Es yo sav tou pandan nou ka dansé

Nou ja tonbé adan an bel lasotè

Pou fouyé tè

Planté épi rékolté sa nou ké manjé

Lè nou ké fè an bel tonbé lévé

Es yo sav sa ka fèt an lakoua

Es yo sav sé dansé nou ka tjenbé nou

Tanbou nou

Tanbou nou libéré nou

Tanbou nou ka tjenbé nou

Tanbou nou

Dansé nou

Tonbé lévé[2] *(traduction)*

Avec un petit sourire moqueur

Avec un regard rieur

Certains nous disent peuple danseur

Oui, nous dansons

Et ils ne comprennent pas

Le secret de notre gestuelle

Ils cherchent

Veulent entrer dans la ronde bèlè[3]

Ils dansent sans sens

Déstabilisés

Par nos pas fondamentaux

---

2   Tonbé-lévé à plusieurs sens : pas de danse bèlè, bus, partage (repas)

3   Danse ancestrale de Martinique

Surpris

Par notre tonbé-lévé

Rappel de notre descente dans les bas-fonds

Notre voyage au fond des cales

Réveil de nos danses ancestrales

Au son du tambour

Le tambour de notre libération

Ils cherchent

Tourmentés

En entendant l'annonce d'un tonbé-lévé

Ils gesticulent essayant de suivre la cadence

Mais nous sommes déjà loin dans la bombe

Le bus

Le tonbé-lévé est passé

Ils l'ont raté

Peuple « gesticuleur »

Le créole comme le français a ses homonymes

Ils l'ignoraient

Les voilà bien mal tombés

Entre dans la danse, voie comme on danse

Avec bienveillance et sincérité du geste

Sans piler nos partenaires

Sans piller leur culture

Le tonbé-lévé

Tu l'as raté

Guette le prochain vidé

Ne le laisse pas passer

Entre dans la liesse

Il t'emmènera sans doute

Sur la bonne route

Ils nous disent peuple danseur,

Mais savent-ils

Qu'au rythme d'une danse

D'un Lasotè[4]

Nous voilà déjà

Labourant la terre

Pour récolter les vivres

---

4   Rythme de tambour sur lequel on laboure la terre

À déguster

Lors du prochain tonbé-lévé ?

Connaissent-ils les rituels de la cour ?

Savent-ils que notre tambour est notre force ?

Il nous a libéré

Aujourd'hui il nous maintient debout

Notre tambour

Notre danse

Peuple danseur

Ils nous disent peuple danseur

Mais que seraient-ils

S'ils connaissaient le coup de piano de Mario Canonge

Qui vous allonge dos au sol

Juste avant qu'un « manmay song » de Frantz Laurac

Oblige l'enfant à grandir vite

Pour déguster le plaisir des notes sur la peau

Grandir vite pour être autorisé à jouir

Sur la Poésie d'une danse

Ils nous disent peuple danseur

Mais savent-ils qu'après s'être défoulé

Sur une « rapsodie nègre » de Manuel Césaire

Ou un « bel air for piano » d'Hervé Celcal

On ne peut que se lever

Même après être tombé au fond de la cale

On ne peut que se lever

Et essayer de corriger le rythme bancal de la

partition classique du monde…

Ils nous disent peuple danseur

Mais savent-ils que Gregory Porter peut les porter

À l'endroit où s'apaisent toutes les douleurs du cœur

Savent-ils que la rivière enchantée de Yaël Naim

Est alimentée par la source de David Donatien

L'un des nôtre, peuple danseur

Savent-ils que lorsqu'un lenbé[5] nous a bien fait tomber

Jocelyne vient nous chuchoter

« An ké sa lévé… lévé lévé lévé[6]… »

Ils disent

Médisent

Regardant de loin

Ce peuple mien

Mais viendra l'heure

---

5   Chagrin d'amour

6   Je me relèverai

Ou l'air d'un « vini dou »

Tel une incantation vaudou

Les transportera

Dans nos bras

Place Rose *(Écho à Rosa Park)*

Qui va à la chasse perd sa place

Mais où est-elle ma place

Ils ont dit que si je suis femme

Je dois être « poto mitan »

Celui du milieu – du mitan

Qui tient le toit pour abriter les enfants

Celui dont tout le reste dépend

Dwèt doubout

Toujours bien droit

Sans quoi la construction est trop fragile

Face aux cyclones et séismes de mon île

Mais aussi celui qu'on oubli car sa présence est

une évidence

Poto Mitan, tout le temps, pas à mi-temps

Sé sa yo di !

Qui va à la chasse perd sa place

Mais où est-elle ma place

Ils ont dit que si je suis Noire

Je dois être fière de Barack Obama

Car il n'y a pas si longtemps

Les noirs n'avaient leur place que dans les fonds de cales

Ou dans les champs de culture locale

Car il y a peu de temps

Le noir devait marcher en regardant le bus du

blanc passer

Et quand il a enfin pu y monter

Il fallait veiller à toujours bien se placer

Mais ce qu'ils ne savent pas c'est que j'étais déjà fière

De Rosa Park, Anna Zinga, Myriam Makeba, Kimpa Vita,

Jenny Alpha, Césaria Evora,

Dany Bebel-Gisler, Coretta Scott King,

Joby Valente, Wangari Muta Maathai,

Lumina Sophie, Solitude, Magalie Marcelin

J'étais déjà fière de Mandela, Lumumba,

Amadou Hampâté Bâ,

Césaire, Damas, Fanon, Martin Luther King,

Bob Marley – the King,

Cheikh Anta Diop, Marcus Garvey, Malcom X

Ils sont partis mais ils ont gardé leur place à jamais

dans l'histoire

J'étais déjà fière d'Alara, Kashta, Shakaba

Ils étaient Pharaons et noirs

Inutile de nous cacher notre histoire

Où est-elle ma place

Si je te demande

Ne me dis pas comme eux

Ne me place pas Femme

Ne me place pas Noire

Place-moi cœur qui bat

Qui se bat pour des lendemains meilleurs

Cœur militant

Cœur qui va

Pas à la chasse mais à la rencontre de cœurs battants

Cœur qui hurle son combat sur toutes les places

Cœur qui ne prendra jamais ta place

Mais prendra place à tes côtés

Pour aller vers l'Eternité de la Paix et de l'Amour

Matinik mwen

Kilti mwen

Mizik mwen

Moun mwen

Nou bel

An nou simen lanmou

Nou pa pè

Non nou pa pè ankò

Nou pa pè palé

Nou pé ké péla

Nou pa pè doubout

Palé di zanset nou ki tonbé

Mi nou la

Pou di yo té ni rézon lévé

Menm si sé pou sa yo tonbé

Yo di sa yo pa té lé ankò

Yo pa té pé péla

Pou lapéti moun ki té lé fè yo pè

Kontinué dominasion, pwofitasion

Yo palé, palé, palé

Pèsonn pa kouté

Léta pa té tann yo té dékodé mésaj Misié Codé

Léta pa té lé tann Lubin té pou sòti anba lonbraj lenjistis

Pa té tann yo té konprann labolision pa té libérasion

Tann an ki sans yo té lé wè péyi-a vansé

Menm si yo di wè mizè sé pa mò

Pep la pa té lé wè mizè ankò

A fos palé an palé pèsonn pa lé kouté

Yo lévé

Difé pri

Difé limanité

Tou sa ki té a bò

Té sav yo té pé mò

Mé yo pa té pè lévé

Neg pé mò pou dinyité

Neg fet pou respekté

Lacaille, Carbonnel, Gertrude, Nicamore

Youtte, Brianto, Fulgence

Yo tonbé

Fiziyé pas yo té lévé

An lo dot ankò avan yo tonbé

Anlè chimen lé insurjé

An lo dot yo pa menm konté

Mé ki ka konté bien

Pas difé a yo limen-a

Ka kontinué kléré chimen-a

Chimen libèté pou pep la

Libèté

Dinyité

Egalité

Respé

Jistis

Chak lè nou santi nou ka ped sa

Fo nou sonjé

Difé limanité ka kléré nou

Difé lé zanset ka gidé nou

Fo pa nou pè lévé

Epi palé, palé, palé

Pa pè

Yo ké tann

Yo ké kouté

Pas atcholman yo sav

Lè pep la ka lévé

Si pèsonn pa kouté

Difé pri !

Nulle crainte *(Traduction de : Nou pa pè)*

Nous n'avons pas peur

Plus de crainte

Aucune peur de parler

Nous refusons le silence

Nous ne nous tairons pas

Je suis ici pour parler

Je ne crains rien

Nous osons nous lever et parler

Dire que nos ancêtres ont péri

Nous ne craignons pas

De raconter l'histoire de nos ancêtres tombés

Aucune crainte !

Nous sommes là !

Confiants,

Sans crainte de dire que leur révolte était juste

Même si c'est par elle qu'il ont péri

Le peuple à oser exiger la fin

De la domination, de la profitation

Il s'est levé pour s'y opposer

Ils n'avaient aucune crainte

Et ne pouvaient se taire

Garder le silence

Pour le plaisir des oppresseurs

Voulant continuer à dominer, profiter

Sans crainte

Ils ont parlé… et parlé encore

Personne ne les a écoutés

Ils ont parlé encore

Mais n'ont reçu aucune attention

À force de parler dans le vent

Ils ont pris les armes

Le feu

La révolte a éclaté

Car, l'État n'a pas entendu

qu'ils avaient décodé le message de Codé

Monsieur Codé

Révolte

Car, l'État à refuser de réparer l'injustice subie par Lubin

L'État à fait le sourd face à leur revendication :

L'abolition était une fausse libération

L'État a ignoré leur projet de société

Révolte car souffrance est preuve d'existence

Mais, le peuple voulait voir la misère cesser

Révolte

Pays en flamme

Feu

L'Humanité brulante pour demander un peu d'humanité

Tous les révoltés connaissaient le danger

De mort

Mais ils se sont levés sans crainte

Car la dignité n'a pas de prix

Le Nègre mérite respect

Lacaille, Carbonnel, Gertrude, Nicamore

Youtte, Brianto, Fulgence

Ils sont tombés sous les balles

Car ils se sont révoltés

Beaucoup d'autres avant eux ont péri

Sur la route de l'insurrection

Ils n'ont pas été comptabilisés

Mais ils ont une grande valeur

Car leur lumière nous guide

Sur le chemin de la liberté pour le peuple

Le chemin de la dignité de notre peuple

De l'égalité pour notre peuple

Respect pour notre peuple

Justice pour notre peuple

Liberté

Dignité

Égalité

Respect

Justice

Chaque fois que nous perdons ces essentiels

Nous devons nous lever

Nous souvenir

Que la flamme de nos ancêtres nous guide

N'ayons pas peur

De nous lever et parler

Sans cesse

N'ayons crainte

Ils nous écouteront

Car désormais ils savent

Que l'indifférence

Face à un peuple debout

Promet la naissance

De la Révolution !

An kou pou lé zanset

Piti a piti yo ka pati

Lot bò

Mé avan yo chapé

Yo pran tan planté

Jodi jou

Rasin en tet mwen

Lanmou an tjè mwen

Chemin de liberté

Mon enfant connaît bien les couleurs maintenant

De quelle couleur est ma peau maman ?

Noire, tu as une belle peau noire mon garçon

Non maman, je suis marron

Plus grand, il comprendra

Mon sourire béat en entendant ces mots là

Il percera le sens de la larme sur ma joue

En lui répondant : tu es Nègre doudou

Tu es Nègre

Oui, tu peux être nègre marron

Rejoindre les vagabonds

Qui ont compris que l'abolition

Était pleine d'illusions

Seules les révolutions

Ont ouvert le chemin de la libération

Maman a eu la liberté

De te choisir un père

Pour te donner des repères

Il fût un temps si proche encore

Les femmes noires devaient soumettre leur corps

Violées par les maîtres

Fécondées par les étalons désignés

Produire des négrillons à esclavagiser

Un devoir

Que la révolte a fait choir

Alors j'ai eu la liberté

De te donner le jour par amour

Mon amour est nègre

Mon cœur est nègre

Qu'on me dise créole, afro descendante, ou antillaise

Peu importe, je suis négresse

Je suis négresse en route

Sur les chemins de liberté

Ouverts par les révoltes d'hier et d'aujourd'hui

Je te conterai l'histoire

Je t'emmènerai voir

Notre terre mère

Le continent, le pays de ton père

Nul doute, tu seras fière

D'être le trait d'union entre deux terres

Celle de tes parents militants

Je t'apprendrai à dire kréol

Il te transmettra le wolof

Il te contera ce que j'ignore de tes ancêtres

Ainsi, tu seras maître

De chacun de tes pas

Pour marcher à ton tour sur un chemin de liberté

Peindre la vérité sur leur tissu de mensonges

Utopie poétique

Les mots m'engagent

J'ai un JOB

Quand se déchire ma nuit

J'interroge la vie

J'écris, je lis

Les mots sont mes amis

Silence

Il y a des maux,

Des douleurs qui inspirent silence

Pourtant ma poésie refuse l'absence de

mots pansements

Elle m'interroge

Quels mots dire pour panser la plaie

Apaiser la douleur inconnue, insensée

Quel sens donner à ma parole

Quel rôle puis-je jouer si éloignée de leur réalité

Eux, blessés, traumatisés, isolés, apeurés, effondrés

Egarés, épuisés, éjectés de leur vie d'avant

Eux, aux rêves brulés par le soleil levant

Eux, face à l'impossible à imaginer

Quelle est leur réalité

Je n'en sais rien

La misère après la misère

La vie quand demain est mort

Comment est-ce

Quand projets et voisins sont morts

Quand chaque jour côtoie la mort

Comment est-ce

Quand disparaît l'accès au dehors

Car il n'y a plus d'en dedans

Que ressent-on à l'intérieur du cœur

Je n'en sais rien

Je ne connais point

Dormir par terre

À même le sol d'une terre tremblante

Trembler de peur

Une peur qui hante chaque heure qui chante

L'approche du dernier souffle de ses proches

Dans le souffle d'un cyclone à venir

Il m'est inconnu

L'orage du désespoir

De ceux qui craignent de voir

S'éteindre les leurs

Le séisme émotionnel

De ceux qui redoute

De rester affronter l'après

Je ne connais rien

Rien de la douleur révélée dans leurs pleurs

Rien de la force qui les garde debout malgré tout

Rien de leur vie froissée

Tel le papier que j'ai jeté juste avant de recommencer

Essayer encore de trouver les mots pour les aider

À recommencer leur vie

M'acharner à poser des mots inutiles

Finalement je vais faire un don

Pécunier

Arrivera-t-il à bonne destination

Je n'en sais rien

Mais cela me fera du bien

Plus grand bien que ma poésie ignorante

Inconsciente de l'ampleur de la tourmente

Ma poésie impuissante

Malgré ce refus de silence qui me hante

Quels mots dits pourraient aider

Ce peuple dit maudit par ceux qui n'en savent pas

plus que moi

Ils parlent pourtant ceux là

Alors pourquoi je me tairais

Peut-être parce qu'il y a des maux

Des douleurs qui inspirent silence

La pluie de mon cœur

Inonde mes pupilles

À l'écoute du monde

Nadèje

Miss

Tais tes caprices

Dis que ce que nous faisons

Est bon

Elle refuse

Ils abusent

Elle hurle non

Subissant cette violence sans nom

Sévices

Supplice

Puis cet enfant

D'un seul parent

Il faut lui donner un nom

Synonyme d'espoir

Qui sonne comme une chanson

Car, elle veut croire

Qu'à force d'amour

L'enfant pourra sourire

Grandir

S'ouvrir au monde

Dodo ich mwen

À chaque coucher du soleil

Le même rituel

La peur s'éveille

L'enfant appelle

Sans mot

En pleurs

Sans mot

Il crie

Maman j'ai peur

Maman bobo

Il ne dit mot

Il n'en a pas

Il est trop tôt

Il parlera bientôt

Avant ses premiers pas

Mais pour l'instant

Il pleure

Pleure

Il ne veut pas se taire

À chaque coucher du soleil

À l'heure du crépuscule

Le même rituel

Entrer avec lui dans la bulle

Une bulle de douceur

Pour apaiser son cœur

Maman comprend

Maman connaît son enfant

Il n'a pas soif pas faim

N'a besoin de rien

Rien d'autre qu'un câlin

Un peu de lumière naturelle

De soleil maternel

Pour lui cette bulle est essentielle

Maman le serre dans ses bras

Le pose sur son cœur

Elle sait déjà

Que viendra l'heure

Où il se taira

Comme à chaque fois

Qu'il dorme ou pas

Il se taira

Quand la nuit sera là

Pour l'heure

Il pleure

Il a peur

De quoi

Elle ne sait pas

Il ne parle pas

Pas encore

Triste sort

S'il pouvait

Il lui dirait

Qu'à chaque lueur du couché du jour

L'ombre de nous-mêmes

Se révèle au grand jour

L'ombre de nous-mêmes

Nous suit partout

Guide nos faux pas

Voilà ce que bébé voit

Ça fait peur

Alors, il pleure

Ignorante

Elle chante

Une comptine choisie par l'ombre d'elle-même

Pour réconforter l'enfant qu'elle aime

Maman le pose sur son cœur

Et chante une chanson qui fait peur

Dodo ich mwen dodo

Dodo ich mwen dodo

Si ich mwen pa lé domi

Gro krab la ké vini prany [7]

---

7   Comptine créole – traduction « dort mon enfant dort. Si mon enfant
ne dort pas, le gros crabe viendra le prendre »

Cueille la fleur

Et elle se fanera tôt ou tard

Arrose-la

Nourris l'espoir

Qu'elle s'épanouisse

Affirmation

Je n'ai pas compris

C'est quoi la question ?

Pourquoi je dis non ?

Parce que non

Chut…

Non, attends, tais-toi

Ne parle pas

Il vaut mieux que tu t'arrêtes là

Je ne peux pas te reprocher d'avoir essayé

Mais je pourrais te faire condamner pour avoir insisté

Oui, je porte des décolletés

Oui, j'ai souri quand tu m'as complimentée

Oui, je parle de sexe en public

Et ? Quoi ?

Exposer ma liberté t'autoriserait à me l'ôter ?

Non ! Tu entends ? Non !

En fait, je t'ai dit non

Et je n'ai pas d'explication à te donner

Est-ce que j'ai quelqu'un dans ma vie ?

Ça ne te regarde pas

En plus si je te disais oui,

Tu me dirais que quelque chose ne va pas,

Qu'il n'est jamais là,

Qu'on ne devrait pas laisser sortir seule une

femme comme moi

Et bla bla bla…

Non… c'est bon… tais-toi !

Je t'ai dit non !

Vois-tu, j'ai fait le choix de m'émanciper

J'assume de prendre les risques qui ne devraient

pas exister

Je suis libre… non pas pour toi

Je suis maîtresse de mes choix

Et en fait, je t'ai dit non !

Tu entends ?

NON !

Ne tente pas de me rendre heureuse

Contente-toi de l'être

Si nos bonheurs doivent se rencontrer

Ils se connecteront via nos fibres émotionnelles

La femme de ma vie

« Derrière tout grand homme, il y a une femme »

Quand je serai grande je ne serai derrière personne

Dès aujourd'hui,

Je choisis qu'aucune injonction ne se mettra en travers

de ma route

Nul doute,

Je rencontrerai des difficultés dans cette société

formatée pour empêcher les femmes d'avancer

Je devrai faire face à la violence du système patriarcal

Mais j'avancerai avec, derrière moi, autour de moi,

les sésés de ma sororité

Par la force de notre solidarité,

Je surmonterai chaque obstacle pour construire

pas à pas mon avenir

Sur mon chemin,

Je croquerai les fruits de la culture, l'instruction, du

bien-être physique et mental

Ainsi, bien nourrie,

Quand se présentera une « pomme d'amour »

Je ne la dévorerai pas comme une affamée

Je prendrai le temps d'interroger mon désir :

De quoi ai-je envie ?

Pomme ? Banane ? Carambole ou Corossol ?

Je ferai le choix de ce qui est bon pour moi

Je ne m'enfermerai dans aucun schéma parental

ou sociétal

Je serai trop grande pour entrer dans une des cases

où l'on veut m'enfermer

Trop grande pour rester cachée derrière un homme

Il y en aura un à mes côtés

Uniquement quand j'en aurai fait le choix

Et surtout, si et seulement s'il respecte mes droits

Car avant d'être sa femme

Je serai LA FEMME DE MA VIE

Majorité sexuelle

J'avais 16 ans

Ils disent qu'à 16 ans on n'est plus une enfant, on a la majorité sexuelle. Pourtant, ils m'ont jugée car je n'étais pas pucelle. Pour eux, mon acte sexuel était un faux pas. Je n'étais effectivement pas prête mais j'étais encore moins préparée au traitement qu'ils m'ont infligé. Maman m'a emmenée chez le gynéco pour prendre une contraception. Il lui a demandé de sortir, le temps de la consultation. Il fallait me toucher pour m'ausculter. J'ai vu ses doigts m'approcher sans rien m'expliquer. Je me suis contractée. Alors, il m'a lancé :

« Tu es certainement plus à l'aise quand tu baises ! »

Puis, il a enfoncé ses doigts. J'ai eu mal !

Je le lui ai dit, il a répondu :

« Détends toi… tu n'as qu'à imaginer que c'est le coco de

ton copain ».

Je n'ai jamais rien raconté à Maman. Elle avait déjà assez honte de savoir que j'avais perdu ma virginité. Je suis allée à chaque rendez-vous chez mon gynéco bourreau. A chaque consultation, je me suis demandé si sa façon de me toucher était normale.

Mais à qui en parler ?

Puisque tout le monde pense que je n'avais qu'à ne pas baiser avant l'heure.

Ce n'est pas toi la coupable, c'est LUI !

Il n'avait pas le droit

De violenter ton intimité

Surtout lui !

Médecin censé te soigner.

Ton corps est précieux,

Ton corps t'appartient.

Personne n'a le droit de te toucher sans ton consentement.

Surtout pas lui !

Tu as eu des relations sexuelles un peu tôt ?

Et alors ?

Si tu n'étais pas prête,

Tu n'es pas obligée de recommencer

Il n'y a pas le feu !

Tu peux prendre le temps

D'écouter tes désirs et te reconstruire,

Devenir la femme de ta vie,

Celle qui sera sereine à l'avenir

Ça peut prendre du temps car il t'a blessée

Gynéco bourreau !

Coupable !

Tu peux le dénoncer,

Il sera condamné.

Tu n'es pas la seule, tu sais

Certains médecins abusent de leur autorité médicale

Pour satisfaire leurs pensées perverses.

Nous devons les dénoncer, les faire arrêter

Trop de femmes subissent en silence

Parce que trop de leur sœur n'ont pas été entendues
quand elles ont osé parler

Nous sommes là, tes sésés[8]

Nous nous battrons à tes côtés

---

8   Tes sœurs

Pour que ça n'arrive plus

Pé bouch fini !

An nou lévé

Fanm ![9]

Femmes, mères, soyons attentives à nos jeunes filles

Parlons d'intimité, de sexualité

Ne nous soumettons pas aux tabous de la société

Le silence est la porte ouverte aux violences

Libérons la parole,

Construisons la confiance

Pour que nos jeunes aient des espaces d'expression

Pour qu'elles échappent à l'oppression de la société
patriarcale

Trop de femmes et de jeunes filles subissent des
violences médicales

Sé nou fanm ki pé chanjé sa

Sé nou

Fanm Fanm fanm ![10]

---

9   Plus de silence ! Levons-nous femme !

10   C'est nous femmes qui pouvons changer ça. C'est nous femmes !

Fête des mères

Le plus beau cadeau de fête des mères

Serait d'avoir le sentiment

Qu'un monde différent

S'offre à mes enfants

Regarder ma fille et lui dire

Que ce jour n'a aucune importance

Car devenir maman n'est pas une obligation

Mais j'entends cette voix qui rabâche

« Tu as choisis ton cadeau ? »

« Tu as choisis ton cadeau ? »

Je prononce un mot :

Liberté !

Utopie ?

Consentement

Ne me demande pas de consentir

Interroge plutôt mon désir

Si ce n'est pas oui c'est non

Mais si mon oui ment à moi-même

C'est un oui à problèmes

Nous nous unirons

Non par mon consentement donné

Mais par mon désir exprimé

Car j'ai cassé les codes

Coupé les cordes

Rompu les liens

Effacé leurs règles de dame bien

Aujourd'hui femme ne se tait plus

Ne se soumet plus

Elle s'exprime

Et parle même de sexe en prime

Tant pis si ça t'intimide

Que j'ose dire quand je suis humide

Ou pas

Ce n'est pas bien ?

Va donc voir plus loin

Celui qui assumera

Restera près de moi

À l'écoute

De mes Oui

Mes Non

Mes pas maintenant

Pas ici

Pas comme ça

Plus vite

Moins fort

Moins vite

Plus fort

Stop

Encore

Il me comprendra sans effort

Ou peut-être un peu quand même

Ne peut-on pas faire quelques efforts

Quand on Aime ?
75

Cancer tue

Quand serres-tu

Dans tes bras

Celle que l'amour sauvera ?

Cancer ne tuera point…

Et nous ?

Katy est partie, fin de vie

Cindy n'a rien dit à ses amis

Aurélie est morte dans son lit

Betty s'en remet petit à petit

Christine se bat pour garder bonne mine

Martine attend que ses proches devinent

Sandrine vit une prise en charge divine

Et Lyne se bourre de vitamine

Rosange surveille ce qu'elle mange

Constance a beaucoup de chance

Maxence fait preuve de résilience

Marie-France se soigne en France

Ortence se fout de ce que les gens pensent

Solange a rejoint les anges

Renée s'est ruinée pour se soigner
Thimotée a tout testé
Roger a abandonné

Sandro s'est fait la boule à zéro
Momo a refusé la chimio
Pipo se dit qu'il n'a pas de pot

Max s'éclate un max

Albert reste un bon père
Norbert perd tout repère
Robert soutient ses frères délétères

Michelle deviendra un modèle
Gabrielle voudra tout foutre en l'air

Dominique cède à la panique
Angélique soigne son esthétique

Alcime déprime

Carole a rejoint un groupe de parole

Marie-Paule devient folle

Mylène va partout où on l'emmène

Violaine à la haine

Petra se battra jusqu'au bout

Yvan ira de l'avant

Armand a stoppé son traitement

Aminata a accepté son état

Sandra est dans de beaux draps

Débora sans cesse priera

Alexandra témoignera

Et si c'était nous, que ferions-nous ?

Même si ce n'est pas nous,

Que faisons-nous ?

82

Tes sœurs sont là

N'abandonne pas

Accroche-toi

Abandonne-toi dans les bras de tes sœurs bienveillantes

Ne donne pas un pas à l'ennemi

Avance sur lui

Montre-lui que la vie gagnera

Les survivantes savent

Que c'est grave

Qu'on en bave

Elles sont passé par là

Aujourd'hui elles sont là pour toi

N'abandonne pas

Accroche-toi

Abandonne-toi à tes sœurs engagées

Elles te donneront les armes

Pour lutter contre le mal tété

Traverser le cyclone qui veut t'emporter

Ton chimen chien n'est pas le leur

Mais elles savent

Elles savent les pleurs

La douleur

La rancœur

La peur

Le cœur dépotjolé

Le dormir qui ne repose pas

Le réveil tjou pou tet

Le sentir que ça n'ira pas

Elles savent

Elles sont là pour t'écouter

Pour t'épauler

Te réconforter

Te donner les clés de l'impossible

Pour verrouiller la porte du pénible

Et entrer dans le champ des possibles

N'abandonne pas

Accroche-toi

Tu verras

Ça ira

Tes sœurs sont là

Bélya pou lavi

Mwen ka vansé

Lestomak bonbé

Menm si mwen tann yo di

Mwen pa ni douvan

Mwen pa ni dèyè

Yo di mwen plat

Mwen menm bien doubout

Anlè plat pié mwen

Sé douvan mwen ka alé

Tété doubout sé pou an tan

Tété koupé sé pou tout tan

Menm si mwen pé pran tan

Réparé sa krab la manjé

Mwen matjé

Chak lè rad mwen tonbé

Pou ko mwen dévwalé

Tras ti chimen-a mwen pa pran

Ka gadé mwen

Mwen ka sonjé lè i di mwen

Mi wou mi mwen

Sa nou ka fè

Mwen fè kolè

Mwen wè mizè

Mé sa pa té lè

Pou mwen pati

Kité lavi

Mwen ni dot bel bagay pou viv

Mwen ka vansé

Tet bien lévé

An mannyè bodzè

Menm si mwen wè moun

Gadé mwen an mannyè

Ka kaltjilé

Kabéché

Eséyé konprann mannyè mwen yé

Ou sé di fanm la dépwélé

Wi sé bien sa yo wè

E sé pa tet mwen tou sel ki koko sek

Mwen bien wè moun mélé pou tjek mwen

Sa yo pé di an fanm ka poté an zoranj pouri

Andidan koy ?

An ti pawol pou ri ?

Eben wi

Mwen sa ri toujou

Douvan jou mwen ja pléré

Atjolman solèy lévé

Mwen la douvanw

Ou pé di mwen an bel bonjou

An ti mo lanmou

Pa fè dèyè

Sa pa ka sèvi ayen

Mwen wè ou wè

E sé pas mwen bien té lé

Si mwen té mélé épi sa

Mwen pa té ké vini douvanw konsa

Mi wou, mi mwen

Alo sa nou ka fè ?

Ou lé pléré ?

Pléré ba mwen ?

An an ! pléré pléréw

Mwen menm ka alé

Mwen ni an lo bel bagay pou viv

Mwen ka maché

Lestomak bonbé

Menm si tété mwen koupé

Fil la vi mwen ka déroulé

Lespri bien filé

Mwen ka filé

Douvan douvan

Mwen chapé

Kité déboulé malkadi

Pou antré dan bélya lavi

An wond lanmou

Pou tout sésé ki pa chapé

Ki pran ti chimen a yo krié lanmo-a

An wond lanmou

Pou tout sésé ka wè mizè

Ki ka pran fè

Ki ka goumen

Pou rilévé

An bel won lanmou

Danse pour la vie *(Traduction de : Bélya pou la vi)*

J'avance

Poitrine redressée

Même si je les ai entendu dire

Que je suis plate comme une planche

Je suis bien debout

Sur chacun de mes bouts de pieds

Je vais de l'avant

Les seins debout c'est pour un temps

Les seins coupés c'est pour la vie

Même si je peux prendre le temps

De réparer ce que la maladie m'a pris

Je suis marquée à vie

Chaque fois que tombent mes vêtements

Mon corps se dévoilant

Me rappelle

L'appel de la mort

Je me souviens de ses mots :

Nous voilà face à face

Que faisons nous

Mais ce n'était pas encore l'heure

J'ai flirté avec la colère

La douleur

Mais il n'était pas l'heure

Du grand départ

Vers le nul-part

J'avais d'autres belles choses à vivre

J'avance

La tête bien droite

Avec élégance

Même si j'ai vu leurs regards

Interrogateurs

Inquisiteurs

Interrogeant mon état

On dirait que la femme a perdu tous ses poils

Oui c'est bien ce que vous voyez

Et ce n'est pas seulement ma tête qui est desséchée

J'ai bien vu le malaise

Comment saluer une femme

Portant une orange pourrie

En son sein, en son âme

Un peu d'humour ?

Et pourquoi pas

Rire, je le peux toujours

Guettant le levé du jour

J'ai déjà pleuré

Voilà le soleil levé

Je suis là devant toi

Offre-moi ton sourire

Ton amour

Inutile de fuir

Je sais que tu as compris

Ce que j'ai bien voulu dévoiler

Si j'avais besoin de te le cacher

Je ne serais pas face à toi

Nous voilà face à face

Que souhaites-tu que l'on fasse

Tu veux pleurer ?

Pleurer sur mon sort ?

Non, garde tes pleurs pour toi

Je ne reste pas

J'ai beaucoup d'autres belles choses à vivre

J'avance, poitrine bombée

Même si mes seins sont charcutés

Le fil de ma vie se déroule

L'esprit vif

Je file

En avant

J'ai échappé au tourment de la maladie

Pour entrer dans la danse de la vie

Une ronde d'amour

Pour toutes nos sœurs disparues

Qui ont pris la route de l'inconnu

Une ronde d'amour

Pour toutes nos sœurs souffrantes

Malades

Qui luttent pour s'en sortir

Une belle ronde d'amour

Dou

Mon cœur

Bébé

Mon amour

Chéri(e)

My love

Doudou

Sweety

Amour

Darling

Nounou

Mon ti dou

Dou d'amour

Mon nègre

Caresse

Une fois passé le pas de ma porte

Tu feras cette caresse qui me réconforte

Mes sensations seront encore plus fortes

Sous la douceur de chacune de tes phalanges

Parcourant mon enveloppe intellectuelle

Ce geste me rappellera

Qu'au-delà des corps qui se mélangent

Tu aimes mes pensées rebelles

Mes inspirations spirituelles

Mes questions existentielles

Mes troubles émotionnels

Face au monde

Dans le monde

Mes envies de déconstruction

Construction

De lendemains meilleurs

Pété tet[11]

Ta main sur ma tête

Caressant mon esprit

Comme ta poésie

Mettra mon cœur en fête

Je t'aime

Je t'aime au-delà de toi-même

Toi et tous tes effets sur le monde

J'aime les sujets que tu sondes

L'audace de tes déclarations

Tes prises de position

Ta curiosité

Ton humilité

Ta bienveillance

Ta romance (assumée)

J'aime tant de choses en toi

Un poème ne suffira pas pour tout dire

Ton rire

Tes soupirs

Ton sourire

---

11   tourment

T'entendre gémir

Ta voix

Tes choix et non-choix

Tes yeux

Ton buste

Robuste

Tes bras

Ton odeur dans mes draps

Ta peau carbone

L'amour que tu me donnes

Ta sève

Tes rêves (fous)

Ta gourmandise (de tout)

De moi aussi

Ta poésie

Un poème ne suffira pas

Pour dire tout ce qu'il y a

Dans et au-delà

De ton beau corps nègre

Je t'aime ma pépite nègre

Douze mois

Douze mois

Et déjà ni Toi ni Moi

Ne pouvons compter les fois

Après la première fois

Cette première étreinte

Empreinte d'un élan

Indescriptible et clairvoyant

Cette première fois

Où ni Toi ni Moi

N'avions compris

Qu'épris de nos poésies mutuelles

Nous embrassions la Poévie éternelle

Celle qui génère la transe

Malgré le flou du sens

Douze mois

Et déjà ni Toi ni Moi

Ne pouvons compter les fois

Où nos cœurs se sont dit Oui

En prose ou en rime

Mais surtout au rythme

De nos désirs

Nos passions

Nos mots offerts au monde

Nos apartés

Confinées – déconfinées

Nos corps libérés

Nos cœurs enflammés

Révoltés face aux douleurs du monde

Dans mes bras le repos du guerrier

Dans tes bras mes tourments oubliés

Le monde peut brûler

Durant nos danses enflammées

Réparés

Nous reviendrons

A leur réalité

Arroser les foyers encore fumants

Avec notre sueur dégoulinante

De notre amour grandissant

Un peu plus chaque jour

Douze mois

Et déjà ni Toi, ni Moi

Ne pouvons compter les fois

Où nous avons survolé le septième ciel

Comme en lune de miel

Voyage sensuel

Intellectuel

Sexuel

Dans mes bras

Oublie tes craintes

Savoure l'étreinte

Demain, on verra

Qu'on s'aime encore ou pas

Chacun de tes pas

Sera poésie

Car, tu es entré dans ma Poévie

Chemin sans retour

Si ce n'est un retour

À l'essentiel

Nous-même

Et ce qu'on sème

Jardin secret

Je t'ai trouvé

Celui qui m'aime mieux que personne

Je veux être celle qui t'aime le mieux au monde

Qui fait briller tes yeux

Quand elle dit « Oui je le veux »

Je fais vœux de Poésie en te prenant dans ma vie

Je t'aime à la manière de nos écrits

Libres et nègres

Loin du code blanc des relations conventionnelles

Mon marronnage me mène à l'entrée de ton jardin secret

Tu me dis « viens »

Tu me montres le chemin

Je marche

Bouche bée

Admirative devant ton flamboyant d'intelligence

Enraciné dans ta conscience identitaire

Rempli de la sève de ta culture

Arrosé de tes expériences de vie

Je marche

Bouche bée

Voyant le flamboyant fleurir

Sous la lumière de mes sourires

Je me rapproche

Les feuilles me caressent

C'est si doux, je reste

Tu me guides vers les autres coins de ton jardin secret

Rivière de douceur

Geyser de plaisir

Hm… j'aime me dénuder pour y plonger

Je marche pieds nus

Pour que mes pas n'abiment aucune de tes fleurs fragiles

Je veux faire ce qu'il faut pour préserver

Ce paradis dans lequel tu m'accueilles

Guide-moi encore mon cœur…

Je me livre

Un jour vivre autrement

Godiller librement

Dans le courant de nos sentiments

Virer de bord

Mais rester à bord

Et avancer encore

Prendre le large

Changer de paysage

La tête dans les nuages

Sur nos vieux jours

Si on s'aime encore

En attendant

Aimons-nous demain

Au moins autant que maintenant

Tenons-nous la main

Allons de l'avant

Prenons le chemin

Qui s'offre à nous

Malgré nous

Malgré tout

Nourrissons le feu de notre amour

Né de l'étincelle du premier jour

Au creux de la nuit

Poésie

Magie

Quand tu as dit

« Ou ja ka manké mwen fanm »[12]

Douce folie

Parole libérée

Et nous délivrés

De nous même

Début des « Je t'aime »

Et depuis plus de trois cents jours

Nous allons pas à pas vers l'inconnu

Cœurs à nu

Même quand tu es là

____

12   Tu me manques déjà

Tu me manques déjà

Car avant toi je ne savais pas

Que la poésie pouvait se glisser sous mes draps

Que je pouvais jouir juste en écoutant ta voix

Jouir même quand je ne t'entends pas

Jouir des mots des autres à partager avec toi

Quand tu n'es pas là

Je plonge dans ce monde qui nous lie

Je me livre à ta passion des livres

Ainsi je sens un peu de toi en moi

J'aime te sentir en moi

J'écris, je lis

Et tu es là

Mennen mwen alé

An nou alé

Mwen ja paré

La, doubout

Pou nou rivé an bout chimen-a

Mennen mwen

Pa bizwen janbé dlo

Pa bizwen wondi alantou latè

Dé pié mwen ja a tè pou swingé

Chaloupé anlè mizik lariviè ka chanté

Mennen mwen an dé braw

Man ké baw ti bren nannan

Si ou fè mwen bwè an bel dlo koko

Fok nou monté pli wo pou nou fèy

Mennen mwen

Anlè chimen la riviè

An nou suiv limiè solèy

O mennen mwen

Mennen mwen

Pa bizwen janbé dlò

Pa bizwen wondi alantou latè

Dé pié mwen a tè

An nou alé pran an dlo koko

An sorbé korosol, an sinobol

Paté bannan

An nou fè zwel séré adan flèch kann

Pliché kann-lan, ba mwen gouté

Mennen mwen fè van karésé mwen bòd-lanmè avan

solèy kouché

Nou ké rété gadéy chapé pandan sé yol la ka rivé

chajé épi manjé péyi-a

Pwason fré… nou ké tétéy apré an bon ti punch lanmou

Hm mennen mwen

Mennen mwen fè an bel balad lannuit

Maché adan lari lavil

Chèché an koté pou nou kouté

An son péyi, an jazz péyi

Fè mwen vwayajé an tchè péyi a

Mennen mwen

Péyi-nou bel

Mennen mwen

Tchenbé lanmen mwen

Maché épi mwen

Mennen mwen asiz a lonbraj an fwomajé

An flanboyan, maogani, sa nou trouvé

Asiz bò mwen, palé ba mwen

Mwen ké kouté'w

Fè mwen vwayajé tout koté ou ja alé

Fè mwen sav la ou santi solèy pété pli fò ki la kay nou

La ou prié pou solèy viré adan frédi

Di mwen ki koulè sièl-la lot bò

Ki kréol yo ka sévi ?

Es yo konet jwé sèbi ?

Fè mwen sav ki son tanbou té ka woulé lot koté

Adan ki lawond ou rivé antré

I té bèl-en ? pli bel ki bèlè nou ?

Palé ba mwen

Ou ja vwayajé tout koté

Alò fè mwen konet oliwon latè

Mé pa bliyé doudou

Sa mwen plis enmen

Sé lè ou ka di mwen

Pli bel vwayaj sé dan tchè mwen

Voyage *(Traduction de : Mennen mwen alé)*

Je suis prête à te suivre

Voyager

Me laisser emporter

Jusqu'au au bout

Traverser l'océan

Faire le tour de la terre

Sont des rêves insensés

Quand nous pouvons danser

Pieds nus

Sur le chant d'une rivière

Transporte-moi dans tes bras

Je te donnerai de la crème

Si tu m'offres une bonne eau de coco

Montons au temple de la dégustation

Suivons le lit de la rivière

La lueur du soleil

Partons

Traverser les mers

Faire le tour du monde

Sont des rêves insensés

Alors que nous pouvons

Déguster

Pieds nus

Une eau de coco,

Un sorbet corossol,

Un sinobol[13]

Pâté banane,

Jouons à cache-cache dans les champs de cannes

Épluche la canne, au bout de mes lèvres

Prenons le temps

D'apprécier la caresse du vent au coucher du soleil

Le regarder disparaître derrière les Yoles

Chargées de nos saveurs locales

Dégustons leur poisson frais

____

13   Granité antillais

Après un bon punch des amoureux

Allons-y !

Emmène-moi

Au creux de la nuit

Au cœur de la ville

Une balade

En quête des rythmes de chez nous

Biguine-jazz

Un voyage au cœur du pays

Emmène-moi

Chez nous

Notre si beau pays

Marche à mes côtés

Main dans main

Jusqu'à l'ombre d'un fromager

Un flamboyant, mahogany

Prenons place

Sur nos racines

Et fais-moi voyager avec tes mots

Conte-moi toutes tes escapades

Les lieux où le soleil brille plus fort qu'ici

Ceux où le froid t'a fait prier les astres

Les couleurs du ciel ailleurs

Le créole des autres peuples

Narre-moi les jeux, les danses,

Les tambours, les chants

Transporte-moi

Raconte-moi ton tour du monde

Mais n'oublie pas chéri

Mon histoire préférée

Est ton voyage dans mon cœur

Noces poétiques

Nul besoin d'église

Pour dire ces mots en guise de « oui »

Je veux que tu me lises

Que ma poésie soit si exquise

Que ton cœur et ton âme disent

« Oui » en retour

Le oui du non-retour

Le wi sé douvan nou ké alé

Men dan men, tchè dan tchè

Nou ké vansé asou chimen lanmou

Jou apré jou

Lanné épi lanné si Bondié lé[14]

---

14   Le oui nous irons de l'avant. Main dans main, cœur à cœur. Nous avancerons sur la route de l'amour, jour après jour au fil des ans si Dieu le veut

Tu es

Le choix de mon cœur

De mon corps

De mon âme

De mon tout

De ma condition de femme debout

Le choix de mes émotions

Mes inspirations

De ma raison et ma déraison

De mon esprit rebelle

Mon Moi RE-belle

Sous ton regard sensuel

Tu es mon choix spirituel

Émotionnel

Intellectuel

Charnel

Je veux ton corps robuste

Ton sublime buste

Révélant ta force physique et psychique

So chic couvert de ta folle esthétique

So sweet nu dans nos jeux érotiques

Nos caresses poétiques

Ta peau si noire

Tes traits si nègres

Je veux encore te couvrir de mes baisers poétiques

De mon eau magique

Goutte à goutte

Ma pluie lavera toutes tes frustrations

Pour te libérer de la prison

De tes désirs inassouvis

Tant que je serai dans ta vie

Je te veux libre de créer

Libre d'écrire

Dire

Partager et toucher les cœurs

Pour contribuer aux lendemains meilleurs

Je soignerai tes inspirations

Les nourrissant de plaisir et passion

Je ferai tout ce que ta peau aime

Ma tendresse sera ta nouvelle crème

Je comblerai tes plus profondes envies

Que tu te consacres à ta mission dans cette vie

Ainsi notre union sera féconde

Je serai à la fois dans tes draps et tes combats

Si tu fais le choix de moi

Je serai là

Pour toi et pour le monde

Révélations

Tu dis que je maîtrise les secrets de ton corps,

Affirmes être séduit par ma connaissance du mien

Tu dis tellement de choses encore

Qui me font du bien

Font suinter le désir par mes pores

Je suis étendue

Bouche bée

Souffle coupé

Pieds et mains tendus

Seins dressés

Bourgeon gorgé d'une eau qui voudrait t'arroser

Tu es si romantique et volcanique à la fois

Dans le feu de l'amour

Ta tendresse dépourvue de délicatesse conventionnelle

Réveille en moi la tigresse sensuelle et charnelle

Tu me révèles à moi-même

Sublimes ce que ma peau aime

Et n'a jamais révélé même à moi-même

J'ignorais que mon corps pouvait s'embraser

Une fois mes genoux embrassés

J'ignorais que ces palmes qui me tiennent debout

Que j'ai longtemps enfermées pour progresser sur

la terre ferme

Celles que j'apprends à sublimer pour diminuer

le complexe

Pouvaient être dégustées sans complexe

Au point de faire vibrer mon sexe

Je suis la friandise

Estébékwé[15] par ta gourmandise

J'aime la voracité avec laquelle tu me dégustes

Autant que tu aimes mes lèvres sur ton buste

Rien que d'y penser, la caïmite est mûre

15   Bouche bée

L'odeur de son lait se mêle à l'air que je respire

Me rappelant le parfum de nos moments de plaisir

Ceux où se mêlent toutes les senteurs que tu chéris

Les miennes

J'aime les tiennes aussi chéri

J'aime quand nos odeurs se mêlent

Nos langues s'entremêlent

Quand nos voix se mélangent

Et que nos corps se mangent

Humaine, j'ai une bête sauvage accrochée au bas ventre

Je tente de la dompter le temps que tu rentres

Que tu viennes dans notre temple te recueillir

Mais elle a faim et ne cesse de rugir, gémir

Alors j'écoute tes caresses poétiques encore et encore

Pour combler mon corps

Si cela ne suffit pas

Mes mains deviendront tiennes

Mes mains deviendront langue et verge dressée

Pour concrétiser ton verbe dressé

Tendresse

Ferme les yeux

Vois mon sourire radieux

L'étincelle dans mes yeux

Humides d'une eau claire et pure

Mon regard amoureux

Empli de nos moments futurs

Ecoute le silence brisé par le souffle de mon désir

Écho de ton envie de venir

Ici, dans ta calebasse sacrée

C'est la crise, nous sommes enfermés

C'est la guerre, nous sommes prisonniers

Mais notre liberté est ailleurs

Dans nos cœurs

Mandela, même incarcéré

N'a jamais perdu sa liberté de penser

Au fil des années

Il est resté debout

Dans ce monde fou

Soyons fous

Notre amour

Surmontera tout

Au fil des jours

Chérissons l'absence

Embrassons la transe

Donnons sens

À la distance

Je suis ta Winnie

Si tu en as envie

Tes combats sont miens

Même de loin

J'assume notre égoïsme

Notre autocentrisme

Nos forces alliées

Concentrées

Sur la survie de nous-même

Peu importe les grands chantiers

À mener en ce moment même

Dans ce monde

Immonde

J'aime

Ta tendresse

Tes caresses

Tes baisers Sont imprimés

Dans ma mémoire corporelle

À la sortie du tunnel

Notre amour sera exceptionnel

Ainsi, alors que retrouvés

Winnie et Nelson se sont éloignés

Nous survivrons

Nous continuerons

Récit de guerre

Nous sommes en guerre

Tout le monde est solidaire

Pour vaincre l'ennemi

Sauver des vies

Couvre-feu, confinement

C'est la stratégie du moment

La consigne est claire : que personne ne sorte

Pourtant un homme armé est sur le pas de ma porte

Il a brouillé tous les radars

Escaladé tous les remparts

Jusqu'à mes hauteurs

Il est entré

Way, bagay la bandé !

Je n'ai même pas peur

Je le regarde

Par mégarde il se laisse démasquer

Son arme camouflée est repérée

Un explosif à la ceinture

Pas d'affolement

Je respire calmement

Et sors mes armes discrètement

Ce soldat sera mien si je fais les choses bien

D'abord, je fume son calumet de la paix

On se battra après

Lui, propose qu'on mette carte sur table

La bataille sera plus équitable

Je l'invite à ma table

On sera plus confortable

Sur ma table en bois

Il boit l'eau chaude offerte en bouche

Sa peau bois d'ébène luisante

Prouve que la bataille est bien entamée

La « sex-bomb » a explosé sans crier garde

Je reviens à moi

Reboosté par ma potion magique

Goûteuse et exotique

Il est en moi

Je me fais son alliée

Lui chuchote des stratégies :

« Prends-moi,

Déguste-moi… »

Chacun de ses accoups

Est un peu plus doux

Plaisir intense

Nouvelle transe

Je pars et reviens

Au rythme de ses vas-et-viens

Ils font la guerre dehors

Ils ont tort

Faisons l'amour dedans

Tant qu'il est encore temps

Dansons, dansons,

La danse de la liberté

L'odeur de l'impudeur

Réveil en douceur

Allo

Si je t'aimais moins

Je t'en demanderais plus

Un acte de plus

Braver le couvre-feu

Pour venir à la chaleur de mon feu

Je brûle de désir pour toi

Mais je t'aime

Trop sur l'échelle de la mesure commune

Juste comme il faut sur notre balance commune

Reste chez toi

Ma poésie vient à toi

Se pose sur ton cœur

Traverse ce corps que je connais par cœur

Mes mots se posent sur tes lèvres

Chuchotent nos moments érotiques

Uniques

Ressens la chaleur de mes lèvres supérieures sur ta peau

L'humidité de mes lèvres inférieures accueillant ton Kako

Je suis là

Toute à toi

Comme à chaque fois

Dis-moi tes envies que dure encore

Le plaisir d'être dur dans mon corps

Caresse-toi au son de ma voix

Pose ton doigt à l'endroit

Que personne ne caresse comme moi

Celui que je ne n'ai jamais connu avant toi

Oui c'est bien là

Va et viens jusqu'au sommet

Où jaillissent l'eau et le lait

Regarde ta peau nègre blanchie de ce lait

Ici mes draps sont trempés comme à chaque fois

Allo

Darling

Tu es toujours là ?

Promesse d'une nuit poétique

Peu éthique…

Dîner spectacle

Je danserai encore en mode « Chata »

Pour toi

Devant toi

Sur toi

Au rythme de notre désir

Brûlant de plus en plus au fil du temps

Sucré

Salé

Le dîner spectacle sera servi

Dans ta calebasse devenue kwi[16]

Punch de l'amour en apéro

Accompagné de doux mots

Dans l'attente

Je tâte le fruit juteux

Qui t'éclatera en bouche

Entrée

Plat

Dessert

Tu décideras du moment

Où tu le dégusteras

J'accepterai de tout faire à l'envers

Dès lors que j'aurai le feu vert

Pour dévorer mon moelleux fort en kako[17]

J'abuserai encore et encore

De cette sucrerie qui sculpte mon corps

Je me sens si belle quand j'abuse d'elle

Alors

Je danse

Pour toi

Sur toi

Avec toi

____

17   Cacao

Le mort vivant en moi

Voyage au paradis

À l'heure de sa petite mort

Addiction

Puisque tarde à venir le temps de nos moments rêvés

Nos cœurs un peu plus chargés

L'un de l'autre

L'un pour l'autre

Dégustons la saveur des instants passés

Puisque tarde à venir le temps de nos moments rêvés

Ne maîtrisant pas l'avenir

Je m'installe dans notre ici et maintenant

J'écoute notre nous suffoquant

Du manque de temps passé à deux

Assoiffé de yeux dans yeux

De moments tranquilles

Fertiles

Nous

Suffoquant

Et pourtant notre amour grandissant

L'un pour l'autre

L'un dans l'autre

Ici et maintenant

J'entends tes larmes

Chaque goutte silencieuse

Me désarme

Amoureuse

Ici et maintenant

Je me tiens debout dans notre poévie

Je souris

Nous sommes en vie

J'aime le manque

Le tourment

Car le désir est plus grand

Quand vient le moment du partage gourmand

Comme à chaque fois que tu t'en vas

J'ai envie de toi

Tout près de moi

Puisque ton corps meurt d'envie

De braver tous les interdits

À l'heure du couvre-feu

Je te couvre du feu de ma poésie

Viens !

Sois mien

Personne ne saura nos corps à corps

Furtifs mais intenses

Sublimés par la substance de notre cœur à cœur

Personne ne saura notre marronnage

Nos chimen chyen[18]

Nos passions libérées

Personne ne saura ta beauté

Toute entière à moi seule révélée

Ma pépite nègre

Soupire encore

<hr>

18   Détour

Tes maux nourriront

Mes mots de guérison

Mes inspirations

Jusqu'au grand plongeon

Dans la rivière de tentation

Puisque nous n'avons rien

Chaque petite chose est notre tout

Puisque nous avons tout

Nous savourons chaque petit rien

Tout ou rien

Nous

Toujours

Plus…

Dans chaque rayon de lune

Mon sourire soleil

Veille

Sur nous

Bienvenue

Bienvenue loin de moi

Bon retour hors de mes bras

Te voilà effleurant notre distance

Nous étions bien plus proches en ton absence

Libre de nous aimer à toute heure

Laisser parler nos cœurs

Mais tu es revenu

La liberté n'est plus

À l'heure de ton retour

En silence

Je couvre le feu

De nos moments à deux

Notre heure est passée

Notre soleil couché

Repose-toi bien

De l'autre côté de ton globe

Repose-toi

À la lueur de ta lune pleine

Qui révèle toute ma peine

Oublie-moi

Offre-toi à mon absence

Avance en confiance

Vers ton équilibre

Je veille

Sur l'étincelle

Confinée

Au creux d'une calebasse

Où il y a trop de place

Je veille

Avec l'espoir

Qu'aucun vent ne l'éteindra

Insolence

Je me suis surprise à jalouser vos moments partagés

Vos balades au grand jour main dans main

Peut-être ne vous tenez-vous pas la main

Mais lui le voudrait

Je le crois

Je le sais

Et je n'aime pas ce qui s'éveille en moi

Quand j'imagine vos moments de tendresse

Ses caresses sur ta peau de négresse

Son attention

Son affection

Pour toi

Son autre

Pourtant ta présence me rassure

Apaise ma crainte du futur

Qu'attendrait-il de moi

Si tu n'étais pas là

Aurais-je été à la hauteur

Aurais-je comblé son cœur

Qu'attendrais-je de lui

Si tu n'étais pas dans sa vie

M'aurait-il satisfaite

Mettrait-il mon cœur en fête

Tu es là

La question ne se pose pas

Si la bienséance le permettait

Je te dirais

Merci

D'être dans sa vie

Merci de vivre ce qui me serait insupportable

D'être celle qui partage sa table

La table de ses imperfections

Ses exigences

Ses absences

Sûrement plus nombreuses

Depuis que je suis son amoureuse

Si la bienséance le permettait

Je te dirais combien je l'aime

Combien je veux t'aimer tout autant

Je te dirais merci

De ne pas être aux rendez-vous

De ses désirs de moments doux

De ses écrits les plus fous

Ses combats

Sa libido

Sa gourmandise

Ses réflexions sur le monde

Sa liberté

Si tu y étais

Comment aurais-je trouvé ma place

Si tu y étais

Peut-être serait-il resté de glace

Face à mon regard amoureux

Lui susurrant « je te veux »

Je veux t'aimer

Tu es notre équilibre

Tant pis si nous ne sommes pas libres

J'accepte la chaîne de sécurité

Si c'est le prix à payer

Pour une garantie à vie

De garder l'homme de ma vie

Peut-être serions-nous heureux sans toi

Que le quotidien n'aurait pas suffisamment de poids

Pour diminuer le feu de notre amour

Assombrir nos plus beaux jours

Mais nous ne le savons pas

Alors « Merci d'être là »

Éclater la bulle du funambule

Le voir libre

Au risque du déséquilibre ?

Tjenbé kow…[19]

Sérénité

Jardin secret

Lieu de paix

Ni nuisible, ni invisible

Jardin partagé avec les êtres aimés

Tous heureux de protéger ce lieu sacré

Le temple de l'Amour

Je suis ce temple…

Pèlerin, tu as trouvé mon chemin

Tu vas et viens

Prenant soin de poser des pas délicats

Mais ta délicatesse écorche mes murs

Ils se fissurent jours après jours

J'aime mieux démonter chaque pièce lentement

Avant l'effondrement

Puis me reconstruire

Dans un ailleurs inconnu de ton cœur

Il sera inutile de me chercher

Je ne te laisserai plus entrer

Si ce n'est tout entier

Seul ou accompagné

Mais en toute vérité

Tu ne pourras point accéder

À mon temple de liberté

Si tu es prisonnier

De tes choix d'antan

Tes non-choix de maintenant

Je fais le choix de moi

Sans toi

Avec ou sans ta belle

Que j'aime

Peut-être autant que toi-même

Ta belle

Incapable de me chérir

N'ayant jamais pu venir me découvrir

Pourtant dans mon intérieur

Une chapelle est érigée en son honneur

Pour son bonheur

Je laisse tout de même

Un bout de moi

Pour toi

Dans la chambre secrète

Qui t'était dédiée

Tu pourras y passer

De temps en temps

Même si tout t'y semble différent

Je t'aime

Pour moi est venu le temps

De vivre en vérité

En toute liberté

Il était si charmant

Mais au fil du temps

Son âme de crapaud

Se révèle

À nouveau

Choc émotionnel

La fée avait pourtant fait mention

De sa date de péremption

Mais l'amour rend…

Obligation vaccinale

Je suis vaccinée

Contre les relations cachées

Pour ne pas choquer la société

J'ai déchiré mes schémas asymétriques non appréciés

Je ne veux plus dessiner d'œuvres vouées à

être enfermées

Dans les tiroirs de ma mémoire

J'ai déposé mon carnet secret au placard

Maintenant

Je veux écrire des histoires que je donnerai à voir

Plus aucun assentiment

N'est important

Si tu veux co-écrire

Il faudra que tu assumes

Sinon

Inutile de sortir ta plume

Tu aimes la Poésie

Moi aussi

Mais je m'exonère de toutes précautions

Je prends des risques dans mes créations

Liberté, l'une de mes conditions non négociables

Sans elle, garde-toi de venir à ma table

Impossible de me contaminer

Je suis vaccinée

J'ai pris toutes mes doses de chagrin

Expérimenté tous les effets secondaires

Aucun ne m'a épargnée

Vague à l'âme

Crises de larmes

De panique

Folie dans sa plus belle tunique

Cœur qui pique

Boulimie

Insomnie

Pensées terre à terre

Perte de repère

Philosophie dévastée

Spiritualité oubliée

Envie de porter la vie

Ou la mort

Une bonne raison de parler encore

À l'amant

À l'amour

Prise de poids

Exéma

Addiction au tabac

Rouler, fumer,

Rouler, fumer,

Le tabac ne suffit plus

Mais de la weed, il n'y en a plus

Elle n'était prise que dans tes bras

Tu n'es plus là

C'est mieux comme ça

Rouler, fumer

Rouler, fumer

Avoir la chiasse

Tirer la chasse

Regarder dans l'eau trouble

Cet étron qui ne s'en va pas

Le voir comme un signe philo-poétique

Pathétique

Cette matière organique qui reste là

Symbolique du chagrin qui ne s'en va pas

Criser, pleurer

Pleurer

Pleurer encore sur son sort

Depuis que le secret dévoilé

À ôter toute liberté

De vivre une relation cachée au grand jour

La fausse amitié a été démasquée

Vois-tu, je n'ai pas été épargnée

Alors, inutile d'arborer

Ton enveloppe nègre de toute beauté

Qui pourrait me faire succomber

Si tu n'es pas en mesure d'assumer

Un trio libéré

Celle qui vit à tes côtés

Ne me dérange en rien

Présente-la moi et tout se passera bien

Mais je pressens que tu ne lui diras rien

Je suis vaccinée

Contre le virus du secret et tous ses variants

Tu peux muter tant que tu veux

Mute, mute,mute

But mute your love

Pa enmen mwen

Pa menm gadé mwen

Queen déchue

Ne régnera plus

Cœur nomade

Sourire de façade

Tristesse sédentaire

Dans l'air

Envahissement

Il y a des vides qui prennent beaucoup d'espace

Trop

Au point de gonfler cœur et corps

Condamner à mort

Toute émotion

Toute attention portée à soi-même

Alors on fait semblant

On évoque souvenirs, habitudes d'avant

Pour répéter minutieusement

Les sourires face à un compliment

Les mots doux que l'autre attend

Les rires, les propos

Tant pis s'ils sonnent faux

Personne ne remarquera

Dès lors que sera dit ce que l'autre voudra

En écho à ses « je t'aime »

Qui restent à la porte d'un cœur

Déjà trop rempli de vide

Le corps laissé

Par l'amant éloigné

À bien changé

Négligé, laid, gonflé par le vide

Ayant pris bien trop d'espace

Au point de ne plus laisser de place à soi-même

Comment accueillir l'autre à l'endroit

Où l'on n'est même plus soi-même

À cette question, la peur s'est faufilée à l'intérieur

Peut-être est-ce un signe d'espoir

Peut-être peut-on croire

Qu'un jour le vide se videra

Pour laisser place à d'autres émotions

Absence

Non-sens

Impuissance

Et puis cette vie qui avance

Avec ou sans nous

Des eaux… des bas…

Cette nuit

Je me suis réveillée en pleurs

Toujours les mêmes peurs

Indéfinies

Mais brûlant mon coeur

Je voudrais que mes larmes

Noient ma douleur

Je voudrais t'arracher de mon cœur

On dit que l'amour partagé

Les sentiments échangés

Ne sont que bonheur

Pourtant je pleure

Je suis saoule

D'un chagrin vide de sens

D'une panique

Pathétique

Au levé du jour

Je voudrais te dire

Pour fuir

Qu'il n'y a plus d'amour

Dans notre relation

Dure mission

Impossible

Inaudible

Alors que tu m'aimes

Malgré moi-même

Rivière asséchée

Plus rien ne coule

De mon coeur épuisé

Pourtant cette larme ravalée a le goût

D'un « Je t'aime » nié

Je suis un livre ouvert

    Impossible à comprendre

        Lors d'une lecture en diagonale

Bombe ou canon

J'ai retrouvé un corps de rêve

Pour mieux sortir de ta réalité

J'ai séché toutes mes rondeurs

Il ne reste plus que mon cœur

À aimer ou pas

Pas à pas

J'avance sous les regards envieux

De mon corps canon laid à tes yeux

Maintenant qu'il n'est plus rond

Je titille le désir des badauds

À vau-l'eau

Eux rêvent de goûter mon eau

Je leur offrirai ma peau sur mes os

Mon corps plat servi sur un plat

C'est ce qu'il restera de moi

Quand se terminera

Ma traversée sans dessert

Je m'applique à ne plus te plaire

Car je ne saurai résister à ton désir exprimé

Je fais des efforts exagérés

Pour éviter

De gonfler

De chagrin

Car tu pourrais me réconforter

M'enlacer

Et apprécier

Mon corps bombé

Bombe sexuelle

Courbes sensuelles

Seul mon cœur est gonflé

Ainsi que mes seins refusant de sécher

Par tous les seins

Je prierai le ciel

Pour les effacer

Et ne plus être belle

À tes yeux

Trouve ce qui t'apaise

Moi c'est la poésie

Je suis un cœur brisé

Qui ne sait rien faire d'autre qu'aimer

Merci :

À la poésie d'être entrée dans ma vie

et d'accompagner chaque jour de ma Poévie

À l'univers qui me donne inspiration en prose ou

en vers

À mon Père et ma Mère qui m'ont offert d'être

sur terre

À Marie-Agnès LOISEAU… Aucun mot ne

saura dire… Ma précieuse…

À chacune de mes muses, même celles qui s'ignorent

À Malik, mon fils chéri, qui par sa naissance m'a

donné l'envie de laisser des traces de mes inspirations

Aux femmes de l'association féministe Culture

et Égalité, j'ai grandi à vos côtés

À tous ceux qui me lisent, m'écoutent, me font

des retours d'émotions

À TOI qui voyages dans mes mots aujourd'hui…

Achevé d'imprimer en Septembre 2023
Dépôt légal : Septembre 2023

Pour

Éditions Milot
17, rue du Pressoir
95400 Villiers-Le-Bel

www.ingramcontent.com/pod-product-compliance
Lightning Source LLC
La Vergne TN
LVHW052210200726
843508LV00016B/2090